Patric Zilch

Fraktur

Patric Zilch

Fraktur

Gedichte

edition fischer
im
R. G. Fischer Verlag

Die Deutsche Bibliothek – CIP-Einheitsaufnahme

Zilch, Patric:
Fraktur : Gedichte / Patric Zilch. – Frankfurt (Main) :
R. G. Fischer, 1995
(Edition Fischer)
ISBN 3-89501-099-5

Orber Straße 30, D-60386 Frankfurt/Main

Satz: W. Niederland, Frankfurt/Main
Schriftart: Garamond 11'n
Titelgrafik: Robert Görlich, Bad Homburg
Herstellung: Boscolo & Königshofer, Karlsruhe
Printed in Germany
ISBN 3-89501-099-5

Vorwort

FRAKTUR ist die Schrift eines jungen Autors, dessen Geist der Macht die Stirn bietet.
FRAKTUR ist der Bruch des Autors mit den Konventionen, Realitäten, die den Geist einengen oder binden, wie die Religion.
Es ist der Bruch mit den lebenden Toten unserer Intellektuellenbogengesellschaft.
FRAKTUR widerspiegelt auch die reinen und tiefen Empfindungen, die keiner erklärenden Worte bedürfen.
Der Autor bemüht sich, der Wahrheit – was immer sie auch sein mag – ins Auge zu schauen. Er schärft seinen Blick, befreit ihn von Lügen und kratzt so das gewohnte und für uns erträgliche Bild dieser Welt ab. Der Autor steht am Abgrund. Er überwindet die Angst vor der Freiheit und wagt den Sprung. Ihm widerstrebt die menschliche Neigung, Frieden und Überleben um jeden Preis anzustreben, da sie den Menschen nötigt, Lügen und Ungerechtigkeiten hinzunehmen. Er zeichnet in seinen Gedichten die Schwere des Lebens klar und scharf und verzichtet bewußt auf die Versklavung seiner Gedanken durch eine beschwichtigende, schönfärberische und die Wahrheit verschleiernde Sprache.
Es ist die Verwirrung des Gefühls, das Nichtvorhersagbare, das Unverständliche, das viele seiner Worte auslösen, das seine Schriften wertvoll werden läßt.
Denn erst durch die Zerstörung des gewohnten Blicks, des zu erwartenden Geschehnisses erreiche ich Wahrnehmung und somit Sinn.

»Denn die Freiheit ist die Liebe zum Leben, den Tod miteinbegriffen.«

(H. Mann, dessen Gedanken für Patric wichtig waren)

Ute Nagel

Verweht in das Land,
in dem sich die Menschen ihrer Nacktheit
nicht zu schämen brauchen.
In einigen Seelen lebt das Paradies klein fort.

Und es ist nur wenigen vergönnt,
den Weg zurück in diesen Garten
zu entdecken.

Ich kann mich nicht erinnern,
daß bei ihr nicht heller Tag war
und die Augen voller Glanz.

Erfaßt vom Sommerwind des Februars,
verwirbelt durch die Luft,
riech' ich plötzlich, so früh im Jahr,
den ersten Blumenduft.

Ikarus an die Freiheit dieser Welt

Du hast mich vorgezogen
in der Sturmesnacht aus dem Dunkel der Seele
und öffnetest mir die Fenster aus dem Labyrinth.

Du strichst mit deiner Hand über meine Schwingen
und korrigiertest die verworrenen Federn,
spürtest schon den Aufwind der fernen Berge.

Verschließ jetzt nicht die Augen vor mir,
laß sie nicht verkleben
durch das hinabtropfende Wachs
meiner schmelzenden Flügel.

eins
zwei
drei Worte
ein Wort, zwei Worte, drei Worte;
ein Wort mehr ist zuviel
sechs Worte, neun Worte, zwölf,
dreizehn wäre fatal;
immer häufiger Additionen der gleichen Zahl
eins, zwei, drei Worte
ich spüre plötzlich die Mathematik,
ich beginne,dieses Gefühl zu berechnen
eins, zwei, drei
jetzt, hier, heute.
Liebe kann keine Primzahl sein,
denn offensichtlich ist sie teilbar,
das beweist die Formel,
einundzwanzig Worte, vierundzwanzig Worte, siebenundzwanzig Worte,
neunmal geliebt,
dreitausenddreihundertdreiunddreißig Worte

eins, zwei, drei
ein Wort, zwei Worte, drei Worte,
eins, zwei, drei

Ich liebe dich!

Auf der dritten Insel von rechts
tanzen zwei Menschen über den feuchten Strand,
taumelnd vor Glück schillert
die Dunkelheit in allen Regenbogenfarben.

Nur der ferne Leuchtturm von Norderney
blinzelt zu ihnen herüber,
und der Wind haucht noch einmal in den Abend,
bevor auch er sich dezent zurückzieht.
Das Meer, mit Schaum vor dem Mund,
mahnt sich selbst zur Stille.

Jede Sekunde ein Gedicht,
jede Minute ein Roman.
So lassen sie sich fallen,
versunken in sich selbst,
in das unendliche Urvertrauen
einer geeinten Seele.

Lassen sich fallen in den feuchten Sand.

Traum Teil 2

Am nächsten Morgen
bin ich
allein
bei der Ortsbegehung eines Traumes.
Vor mir liegen Berge von Silikaten, H_2O,
und viel Stickstoff weht um meinen Kopf.
Ein Bauwerk zur Leitung der Schiffahrt
erhebt sich zwei Inseln weiter Richtung Weltall.

Ihren Zauber in mir,
sehe ich nur Moleküle und Staub.

Ihren Zauber in mir,
erstrahle ich als einziges
unsichtbar den vorbeischlendernden Touristen.

Ich glühe in mir,
vor mir nur die langweilige Welt
von vorgestern.

Paestum, 6. April

Es fällt mir schwer
meine Augen von dir zu lassen;
wie soll ich dann erst von dir gehen,
wie kann ich jemals wieder
allein schlafen?

Wie kann ich ein Gedicht schreiben,
ohne dich zu kennen,
ohne auch nur einmal in dir gelesen zu haben?

Die Insel dreht sich,
die Strudel stärker,
ich werde angezogen vom Zentrum,
weggestoßen durch die Zentrifugalkraft,
pralle hin und her zwischen den Wesen,
in deren warmfeuchte Tiefe es mich zieht.

Ich möchte nur eine küssen, sprach ich,
und die Richter peitschten mich ob der Bigotterie.

Die Spiralnebel des Universums,
fliehen sie auseinander,
oder wird es sie irgendwann zerquetschen?

Hastend suche ich den ruhigen Halt,
durchwühle Comics nach der Weisheit des Planeten.

Das Meer, ich kann es nicht greifen,
spüre nur den Ansturm,
doch es ist zu weit.
Ich höre nur das Rauschen neben mir im kahlen Zimmer,
und sehe Möwen mit ihren erstickenden Fischen.

Ich bin ein Mensch,
ich will einer sein,
beherrsche die Kunst
nicht,
nur die Technik.

Und in den Zellen schäumt
der Irrwitz einer jungen Phantasie.

Ich will einer sein,
in der Welt des Blutes,
nicht der aus Stein.

Ich will mich formen,
nicht durch die Bildhauer werden,
die, die in den Museen
der Menschheit enden;
der blinde Bildhauer,
der sich selbst in dieser Realität
erfindet.

Der Tag,
an dem die Meldung im Sand steckenblieb,
der Erschöpfte kniet
und das Wort die Entfernungen
nicht mehr überwinden kann.

Plötzlich werden die Seekabel gekappt,
und die Insel beginnt in den Ozean hinauszutreiben.
Zuerst müssen die Schiffe nur weitere Wege
überwinden,
doch eines Morgens finden sie das kleine Land
nicht mehr.

Die Wellen werden irgendwann
einen Unbekannten an den Strand werfen,
und die Menschen, die ihn finden,
können seine Verletzungen nicht entdecken.

Der Körper liegt nur nackt im seichten Wasser.

Zerbrechender Sommer, schwere Luft

In Gewitterschwüle zerwühlen Ekstasen den warmen Sand,
wie das bleierne Land suchen sie flehend die Erlösung
und keuchen nur vergebens
gegen den unaufhaltsamen Verfall des Sommers,
denn die Rettung verflüchtigt sich schnell im Zentrum des
Körpers.

Sekunden später sind sie allein,
sie irren,
die tödliche Dosis wird jedesmal knapp unterschritten,
jene quälerische Zähigkeit beginnt von neuem,
sobald der Wahn beendet.

In der Nacht peitschen blaßblaue Blitze
die sengende Erde aus,
der heiße Regen demütigt nur die Hoffnungen der Verrückten.
Eine Frau geht verzweifelt in das schwarze Wasser.
Und die Männer ertrinken lachend im Bier.

Ich spüre voll Angst den Durchbruch,
den Einsturz der meterdicken Mauern,
die mir den Rückzug verwehren
und mich in gleißender Sonne zurücklassen.

Die herabfallenden Steine schlagen Löcher
in meinen Körper.
Umspannender Himmel dringt in mich ein
Wann genügt es, zu entweichen
und ins Nichtvorstellbare hinabzugleiten?

… dann,
wenn die blutigrote Sonne
das erste Mal
am Horizont
den Ozean berührt,
wenn sich das Feuer mit dem Wasser
vermischt hat
und die Menschen am Strand
das Grollen aus der Ferne vernehmen,
welches von Tag zu Tag lauter werden wird,
… dann,
wird es zu spät sein.

Eine Cafeteria stampft durch die aufgewühlte See;
Ruhe zerreißt das Beben der Nacht,
kein Wort.
Reisende verfallen in saure Apathie.
Der Fluch ist über die Suchenden gesprochen.

Die Normalität zersplittert am Horizont der Theke,
Blicke verfangen sich in einem Meer von Cocktailsesseln.
Gischt vermischt die Gedanken,
und zerrissene Wolken stürzen nieder in den Ozean.

Sie übergeben sich in Ergebenheit,
suchen Halt
und werden fortgewischt als viehische Kreaturen.

Diesem Gott ist die Wolke entrissen,
und die Sterblichen blicken hinauf, entsetzt,
in das Nichts, in das Loch der Gedanken in uns.
Nicht einmal mehr ein Feigenblatt ist geblieben,
die Scham seiner Leere zu verbergen
und die Unsicherheit auf das Dahinter abregnen zu lassen.

In den U-Bahnen verlieren die Leute
die Angst vor dem Fahrkartenkontrolleur;
dunkle Diebe
bestimmen nun die Spur durch die schwarzen Tunnel.
»Nicht am Griff festhalten,
erst beim Stillstand
durch kurzes Ziehen öffnen!«

Sicherheitshalber wird demnächst
der Griff ganz abgerissen.
Nach dem Stillstand
kann man zwar nicht mehr ins Freie,
dafür hält sich aber auch niemand mehr
an ihm fest.
Niemand kann sich an nichts festhalten.

Die winzige Wolke regnete ab,
und die Gläubigen erblickten
das strahlende Azur des Himmels.
Sie haben den Griff verloren
und sind jetzt verdammt,
fliegen zu lernen.

Getötete Menschen

Kleinstädte im Übergangszustand
vom Nichts ins Nirgendwo
reihen sich in die Schlange der Wartenden.
Das große Tal ist verstopft
von Erfüllungsgehilfen der Nichtigkeit,
verschmutztes Milchglas in den Fenstern der Gehirne
vermischt den Blick auf die verhaßte grenzenlose

FREIHEIT

Und stinkende Kadaver verrichten im Verordneten
ihre Aufgaben,
zertrampeln die

FRAGE

durch lautes Gelächter.
Mit geteilten Schädeln harren Knechte
bis zum Wachwechsel;
Heere von Gauklern verteilen die Fahrkarten
ins ewige Leben.
Stets Beschäftigte verrecken vor Langeweile in den Stuben,
und zeitlos ergötzen sich Scheinende
an den Millionen Nuancen einer faszinierenden Dumpfheit.

Weißes Zischen durchflutet den Ozean;
auf der stürmischen Fahrt ins Nirgendwo
hat sich der stählerne Berg vertan,
verloren auf dem gigantischen Hochplateau.

Weit weg in diesem übersichtlichen Labyrinth
sind Reisende auf einer einsamen Fahrt,
sitzen in Räumen, in denen die Zeit nie verrinnt,
und betteln sehnsüchtig um den rettenden Verrat.

Die Angst schlägt um sich, sie umklammern die Rettungsboote.
Erfüllt ist die Luft von einem Zittern und Beben.
Ich sehe in Schwimmwesten hunderte Tote;
im steigenden Eiswasser wird es eine Erlösung nicht geben.

Ich sehe in der Schwärze ein riesiges Schiff versinken,
ein letztes Gebet bleibt den Treibenden verwehrt.
Die kalte Unerbittlichkeit läßt sie ertrinken,
und die Seelen tauchen ab in die Tiefe, allein und ungestört.

Gereinigt ist von Fremden die ewige See,
sie beansprucht den größten Teil der Welt;
kannst du ihr noch einmal entfliehen, so flieh,
daß nicht beim nächsten Sterben dein Schrei in der Nacht
vergellt.

Sei still, sei still,
beweg dich nicht,
ich bin machtlos, doch ich will,
daß alles auseinanderbricht.

O Gott, wann kommst du endlich,
wann kommt die versprochene Erlösung?

in den schwarzen Himmel,
dem Mond ins geile Gesicht,
wie gegen die Innenseite meiner Hand.

So ziehen die Wolken vorbei
wie von den Kacheln herunterlaufendes
Sperma.

Einmal geschlüpft

Der Kopf liegt kraftlos im unteren Stundenglas,
der Sand rieselt nicht mehr
nach oben,
er bildet einen winzigen Hügel;
die Kristalle werden nie mehr
aus dem lichten Himmel geboren,
und selbst, stünde die Welt kopf
er würde erdrückt im oberen Glas,
die Last verstopfte durch ihn die Öffnung.

Verläßlich lächelt er gleich Hiob,
mit dem festen Wissen, von seinem Gott
errettet zu werden.
Reglos strampelt er,
weil er die Gabelung vor hundert Jahren verpaßt,
weil er ein Kleinkind war.

Verharren läßt tief sacken,
Strampeln sackt tiefer,
mit der Gutwilligkeit in den wabernden Morast,
bis schließlich die Welt der Körper verschwunden ist,
die die schwirrenden Mücken zerstachen,
und nun die Blasen des Untergangs
an der modrigen Oberfläche zerplatzen.

Er hätte gewinnen können,
wenn er doch nur reglos gestrampelt hätte,
die letzte nie dagewesene Chance zur Rettung genutzt,
und nicht den Mond beobachtet,
als der schwarze Schlamm ihm über die Augen rann;
und mit dem letzten versinkt sein Gott.

Geänderte Zeiten

Sie sollen es einmal besser haben.
Die Zeiten ändern sich.
Die Kinder vor fünfzig Jahren hatten es schlecht,
doch heute geht es ihnen gut.
Aber ihre Kinder sollen es einmal besser haben,
dafür arbeiten sie.

Die Kinder heute haben es schlecht.
Wir arbeiten,
damit sie es einmal besser haben werden,
als wir damals
als es uns schlecht ging,
obwohl unsere Eltern,
denen es als Kind noch schlechter ging,
für uns gearbeitet haben.
Damit es uns einmal besser gehe.

Den Kindern in fünfzig Jahren wird es gut gehen.
Doch sie werden dafür zu sorgen haben,
daß es ihren Kindern einmal besser geht.
Daß ihre Kinder es nicht so schlecht haben werden
wie sie es in fünfzig Jahren.
Ihre Kinder sollen es einmal besser haben
als sie, als wir, als ihr damals, als ihr Kinder wart.
So ändern sich die Zeiten.

Tod in der Schwüle (meinem Großvater)

Es rauscht von Ferne die herannahende Flut,
Gewitter des Sommers durchziehen die schwüle Nacht,
die Lungen erfüllen sich langsam mit dem tödlichen Blut,
bis keuchend der Erwählte aus tiefem Schlaf erwacht.

Hilflosigkeit im Dunkel des Zimmers,
ein Schrei in der Nacht vergellt,
das Brausen und Dröhnen kommt schmerzverzerrt näher,
plötzlich ein Donner, das Opfer wird im Bette
durch einen Blitz erhellt,
Aufgeschreckte Vögel, Bäume ächzen im Sturme
langsam und schwer.

Flehen und Bitten, der Schlag hat gesessen,
die Landschaft erfriert in fahlblauem Licht,
Götter, es ist die Zeit, eine Seele zu fressen,
Laßt uns halten das letzte bitt're Gericht.

Kreischen und Weinen, zerrissen sind die Adern,
die Angst steckt in den Knochen, die Zeit steht still,
Ihr Gewürm, hier kann man nicht hadern,
wenn der Donner rollt und die Sirenen blasen schrill.

Winter in Amalfi

Von Zeit zu Zeit wird es Winter
in Amalfi.
Winter ist immer dann,
wenn die Touristen nach Hause fahren,
um für den nächsten Urlaub zu arbeiten.

Die Häuser haben nun die Arme verschränkt
und sich noch etwas näher
an die Felsen gelehnt,
während die Palmen der Promenade
ein wenig frösteln in der Nacht.
Doch den Häusern ist dies egal.

Wie ein alter Elefant
beschnuppert das Meer
den dösenden Strand
und ein Schwarm Möwen
stürzt sich auf das mitgebrachte Brot
eines alten Mannes.
Winter in Amalfi.
Zeit, um einen Tisch umzudrehen.

Der Strom

Daß der Stein ewig ist
und der Glaube unersetzbar,
kann man in Assisi spüren.

Daß die Fragen kurz bleiben
wie die Antworten,
wie der Blick blind.

Daß die Zeit nie vergeht,
ist aus dem zähen Dunst
des Tales zu lesen.

Angekommen, stop. (für Ute)

Entträumt angekommen,
grün unter den harten Pinien
in der Villa Pamphili,
vom Selbstauslöser des Glücks fotografiert.
Sie, an den Baum gelehnt,
den die Sonne
als Schatten auf dem Gras
nachzeichnet.

Zwischen Palmen palavern Städter,
spielen im Flutlicht des Nachmittags Fußball;
pastellgelb riecht der Süden,
erleuchtet wie ein Cremequark.

Ein Kuß,
und sie fallen ins Blau.

Zu den Orten getrieben,
den ihre Hoden befehlen;
sie zerren entgegen, wulstige Männer,
doch ihre Hand verliert den Halt
und gleitet unschlüssig
unter dem Spülbecken auf und ab.
So existieren die Kioske
an der Piazza Cinquecento,
an der Repubblica, wenn Sie Ärsche mögen,
und die Imbißbesitzer sind erbost
über ihre Toiletten.

Der mit dem pockigen Gesicht
spricht zum zweiten Mal
den marokkanischen Jüngling an;
der andere versteift sich
auf etwas anderes.

Die Trägheit der Materie ist schuld
am Fließband, der Klebrigkeit der Kulte;
die kritische Masse bleibt so unterschritten,
die Revolution per Gesetz verpaßt.

Zu jung, zu spät, immer, zu mechanisch
klappert die Mühle, zu mechanisch,
wiederholt sich,
klappert die Mühle, zu mechanisch,
am rauschenden Bach;
und freut sich über die reißenden Wasser,
klappert mechanisch
am rauschenden Bach.

gelb

gelb ist immer noch
nicht ergreifend,
gelb ist gelb,
ob Pastell oder Korn,
Sonnen und/oder Dotter,
stets ist es nie gelb,
nur
Pastell oder Korn,
Sonnen und/oder Dotter.
Und auch Pisse ist gelb,
doch von unterschiedlichstem Geruch,
der ans Gelb denken läßt,
doch nie an Gefühl.

ich kann nicht mir!

ich ist ich oder will ich wir?
du, dir, halt mich,
    ich kann nicht mir!
doch will ich dir
von mir zu ihr,
hilf dir,
    ich kann nicht mir!
über mich stell' ich das Über-Ich
daneben eben dich an sich,
über dich stell' ich das Über-Dir,
daneben mir nach ihr,
was ist los hier?
    ich kann nicht mir!
vergiß dir nicht mich
laß uns im stich
so wie ich dich
und sorg dich nicht,
    ich kann nicht mir!

Ölschnurgefühle

Der Tag zittert auf dünnen Stelzen,
vier Augen sind immer noch da,
zwei Münder,
ein Knäul Locken im Magen
und kein Durchgang.

Non c'è

Non c'è una regola,
sempre ci sono molte possibilità
per risolvere un corso della vita,
il solvente sone io,
la soluzione del problema,
il legno,
il carpentiere, purtroppo,
e il capestro.

Pasolinis Ostia

Nicht weit
mündet Pasolinis Blut
und sickert in eine Plastiktüte.
Über ihn gestreut,
die Asche von Gramsci.

Ein paar Jungen spielen Fußball,
Mirco schießt das Tor,
gegen das Denkmal,
das rostige Eisen,
die Stahlbetontaube
stürzt
und der Putz bröckelt.

Lungotevere, in frühlingshafter Stadt

Die entbotene Stadt
schleppt sie alle durch,
die Buden und Bretter,
hinter denen sie sich kriechen.

Bei allem Respekt, scheiß drauf,
wen interessiert die Politik?
Sie wird ihnen nicht helfen können,
und die Betroffenheit kann man nicht fressen.

Den Fratzen unter den Brücken,
auf den zerfledderten Matratzen,
die sich in jeden Mülleimer bücken;
sie sterben,
wegen irgendwelcher Vitamine,
weggeschwemmter Stoffe
und ausgekotzter Zähne.

Onanie macht auf Dauer seelenblind

Zentrum ist der Bahnhof,
nicht das Herz,
aber die Schamhaare,
Geschlecht und Hintern,
von dort geht es aufwärts
zu allen Seiten.

Das Blut aus den prallen Adern
spült mich herum,
so tief stecken meine Knochen
im Fleisch der Beine.
Durch die Markthallen an der Piazza Alessandrina
geht der Stahl,
wo verschmiert die Fleischer rüde lachen,
durch und durch zum Vittorio Emanuelle,
in die dunklen Gassen hinterm Termini,
krauses Volk gierig wartet.

Die Luft ist satt von Tau,
und dunstig schleicht das Licht hindurch;
die Spatzen sitzen tausendfach
auf grauen Bäumen, verrückt,
beißend quält süßer Ammoniak,
den Männern scharrt es im Schritt.

Promenade der Vergessenen

Segelboote sitzen auf der Kante des Grau
vor den Bühnen,
die stinkende Brecher zurückhalten.

Am feuchten Strand
liegt in mildem Rot
eine Spritze im Sand.

Ich denke an die Schönheit und den Fluß,
gehe die sogenannte Promenade hinab,
eingepackt knarren die Palmen
mit dem Blutgerinnsel in der Krone,
und krank blicken die Mietskasernen,
gepfercht in rostigen Maschendraht,'
wie Netze alles umspannt.

Am Ende der Straße, am Idroscalo,
pißt der Tiber ins Meer.

Die Schäume des Traums

Wie schnell kommt alles zum Ende,
fließt der Schaum an der Piazza
durch Rohre an der Metrostation vorbei.
Der Gitarrenspieler hat die Akkorde gestrichen;
jeden Tag
wird ihm der gräßliche Anfang klar;
fast hätte ein Köter ihn angepißt.
Die Zigeunerin mit dem Rücken in der Wunde
schaut staunend in den Schuhkarton.

Bereits in der Frühe wurden die Blumentöpfe verlost,
die Gebückten trugen sie auf den Großmarkt,
hinaus nach Ostiense.
Jetzt ist es Mittag, doch eigentlich schon dunkel.

Ein Kochtopf,
von dem die Speisereste bröckeln,
das Feuer ist verloschen
so können die Geschäfte siedeln,
man ißt drumherum.
Wenn alles gut geht,
ist das Pantheon in zehn Minuten bei mir,
wie ein großer Mülleimer,
fast leer.

Die Triebe des Esquilin

Blind spähen die Augenpaare,
werden hart und phantasievoll,
ihre Äpfel, verlangende Iris,
riechen im Abgas die Frau,
denn die Autos sind nun ungefährlich;
die Erde zur Erde,
Wasser zu Wasser,
das Gesicht scheint so ehrlich.

Als der Kassierer auf den Summer drückt,
springt die Pforte aus dem Schloß,
schließt sich
mit einem Quietschen voll Wohlgefallen;
Wasser zu Wasser,
Rost zum Trost,
wird das Wasser schal,
der Rost gefaßt,
wie Milch in schummriger Wärme.

Wo unter der Ponte Sublicio
die Feuer brennen,
stehen die Sessel im dreckigen Tibersand,
hier sorgt der Sprit für ewige Nacht,
in der sich nur schwach
der Glanz der Häuser widerspiegelt
auf den matten auftreibenden Wassern.
Da kotzen die Frauen
den verstümmelten Fötus aus
und drücken ihn gleich Moses
mit dem Kopf unter die Flut.

Ponte Sublicio / Porta Portese

Der Blick schweift so hoch,
zu weit ist der Tiber,
die Brücken helfen mir nicht
nach unten zu sehen.
Ich gehe hinweg
über das Haus,
die Laternen beleuchten mich gelb.
Elektrische Funken der Tram
fallen nur bis auf den Kopf –
Stein.
Jene Oberleitung zieht sie hinweg,
und darunter
fressen die Ratten den Pennern
aus den Mündern.

Ponte Testaccio

Hätten Sie gedacht,
daß eine Tiberbrücke,
eine Brücke über den Tiber ist?
So einfach
kann das Leben
manchmal sein.

Am Gazometer

Wenn der Tiber seinen Hintern zeigt,
wo die Straßen ausfallend werden,
da wird es ordinär um die Ewigkeit.
Dort fängt der schmierige Körper
den Geist wieder ein.
Am Großmarkt fällt die Stadt auf den Bauch
und rollt das Gedärm
zufrieden zwischen zwei Fingern,
die Mäuse finden ihren roten Hafer.

Die hellblaue Dicke spielt mit drei Grauen Karten,
vor der Osteria zischt der Regen
in den Radkästen der Autos,
und der Hundekot verschwimmt.
Nie schlagen Blitze ein
in die Häuser von Ostiense.

Ideendarm

Morgen ist nicht heute,
das ist klar;
doch woran liegt es,
daß das Heute frisch und wahr,
morgen schon in bräunlichem Glanz
die Scheiße vom gestrigen Frühstück war?

Spiel mit dem Stein

Taugenichtse und Ignoranten
und Bornierte;
und ich;
das Schicksal liegt neben mir
wie ein Stein, nie einzudringen,
Stein und ich, wir nehmen uns in die Hand.
Der Stein versucht zu triumphieren, wie ich.
Und danach?
Werfe den Stein und er wirft mich,
überrollt mich,
ich besteige ihn,
mein Fuß geht in Splitter,
zerbricht an mir.
Lache lauthals,
er verbleibt stumm
und wartet und wartet,
ich gehe dahin.
Am Boden bleibt der kleine
Kiesel liegen.

Es prasselt
bevor der Regenbogen springt;
und ich kann ihn schon nicht mehr sehen.

Acht Meter lang ist das Auto des notorischen Spielers

Die Asseln drehen durch,
rot und weiß,
nachts gelb;
sie geben sich heillos hin
und streicheln die giftigen Katzen;
selbst sind sie reudig und rollig und geil,
hupen und halten die Löcher zu.

Mit der Sonnenbrille liegt er
nachmittags im Bett,
abends muß er die träge Zeit,
die Einsteinsche Relative,
mit einem drittklassigen Film zerschlagen,
doch dann wird es fies.

Fontana

Eine Nase und ein Schwanz,
ein Mund mit zwei Augen
und braunem Loch
samt rauher Zunge.

So gaffen wir in die geile Illusion,
drehen uns im Schanz,
in dunklen Bänken sich auszulaugen;
bis fortwährend das Wahre
zum Nassen wird und Halbschuhpaare
sich überkreuzen,
und links und rechts vertauscht
rauschen Wirbel von Staub entgegen
dem Orgasmus des Imaginären.
Sie kommen und wir herausgetaumelt,
zum Klo und in die Helligkeit der Kolonaden,
in denen der Glanz endlich baumelt
wie die Laternen an schäbigen Fassaden.

Februarregen

Erfrischender Duft.
Von Neonlicht belegt,
wehen die ersten Tropfen heran,
und das Parfum der Stadt steigt auf.
Die Farbe dünnt aus den Konfetti,
sie drehen umher, schaukeln sich auf
wie die Busse, die Bäume auf der Piazza,
und die Lichter des Abends wandeln zu Glanz,
so die Scheinwerfer, die an den Ampeln halten.
Wellen der Zeitungen schlagen über den Kiosk hinweg,
auf einem Bein tänzelt nun der Müll
entlang der Bordsteinkante.

Frei (Wiewort konditional)

Ich schwebe im Konjunktiv,
der leichte Körper ohne die Zentner
angepflockter Zellen;
schwebe, wie leicht
sind die Kilo Knochen und Fleisch.

Das Licht reflektiert, der Beweis;
es kann abheben,
das Licht reflektiert,
gehoben, das ist der Beweis.

Ein Zentimeter mehr,
der Vorschlaghammer saust,
zwei Zentimeter weniger,
sicherheitshalber, zack,
ein zweites Mal.

Die freien Haare, das süße Gesicht,
die prahlende Zukunft,
sie alle kriechen vor mir zu Gericht;
ohne das Urteil zu erwarten,
stoßen sie sich hinter das Gitter,
die Hand langt hindurch,
hält den Schlüssel für das rostige Schloß.
Glattgestrichen sind die Stäbe,
schweißig, eisern stinkend,
zaubern Bilder daran,
das schwere Ertragen zu verwischen.

Irgendeine Stadt

Sonne, das ist
Gas und Wärme
und Fusion und Gedichte, natürlich;
auf heiße Körper und Photonen,

die Laderampen an unvorstellbaren Lagerhallen,
so groß wie die Sonne wohl,
grau werden lassen;
Nummern daran von eins bis achtundfünfzig,
damit sich der LKW-Fahrer orientieren kann;
und Schilf und
trockengelegte Sümpfe werden braun
und scheinen fast golden vor den Autohäusern,
wo der Zug, von Fiumicino kommend,
7.59 Uhr den Cityring durchstößt.
Anschwellender Verkehr vor Arbeitsbeginn
und Smog für heute.

Straße des 2. November 1975

Wozu eine Zaunlatte alles gut sein kann,
einen moralischen Dienst hat sie erwiesen,
und von den meisten ward sie gepriesen,
zog Pier Paolo in ihren Bann.

Sein Herz blieb belüftet durch sie
und einen Alfa GT,
der Kopf hat endlich Klarheit
und dachte nicht mehr,
mit eingedrückter Brust lag er am Meer.

Der Müll wirbelte kunstvoll über die Wiese.

Verbpacht. Mieten Sie ein Wort. Das Wort ist dem Volk. Das Volk sind alle Menschen, sollten alle Menschen sein. Alle Menschen haben ein Recht auf das Wort, denn in ihrem Sinn wird das Wort geführt. Von den Richtern, der Regierung und denen, die ein Land gern untergehen sehen. Der ganze Staat beruft sich auf das Volk, und dieses wiederum beruft sich auf den Staat, der ja vom Volk berufen ist; so ist das nun mal in einer Demokratie.
Alle Macht geht vom Volke aus, steht in unserem Grundgesetz, also hat auch das Volk die Macht über die Worte. Alle Menschen haben ein Recht auf das Wort. Das Wort muß wiederum gleichmäßig und gleich über die Menschen verteilt sein.
Per Verbrecht können Sie ganz persönlich ein Wort mieten. Erst ein Verb, bei Bewährung ein Substantiv, greifen Sie zu, Adjektive, Pronomen, einzelne Silben und Personalwörter sind frei. Mieten Sie ein Wort, ich fordere Sie auf, seien Sie nicht schüchtern, werden Sie Pate eines Wortes! Nur so können Sie Ihr Wort wortgewaltig schützen, doch ohne Gewalt, aber wer ist denn heute schon noch für Gewalt?
Sie nehmen es überall und vor jedem als heilig in Schutz, Ihr Wort. Somit ist es unantastbar gegen Angriffe, unantastbar wie die Würde des Menschen; das Wort darf so frei sein und genießt dadurch den Schutz, den jeder in dieser Demokratie, diesem Staate auch genießt. Jeder Mensch darf Ihr Wort selbstverständlich benutzen, solange er über seinen Gebrauch sorgsam Rechenschaft ablegt und es nur in seinem eigentlichen Sinne gebraucht. Bei Streitfällen oder Unklarheiten entscheidet ein Wortgericht, Näheres kann der Pächter des betreffenden Wortes im Mieterschutzgesetz nachlesen.
Ist jedes Wort erst einmal geschützt, haben Angreifer auf das Wort im allgemeinen keine Chance mehr. Diktatoren, Propagandisten, Agitatoren, Demagogen und Demokraten können das Wort dann nicht mehr als Schild für ihre Intrigen und dunklen Machenschaften nutzen, denn jeder falsche Gebrauch

des Wortes ist dann ja strafbar, und die Polizei müßte einen Menschen, der ein Wort mißbraucht hat, dann nur noch festnehmen. So einfach wäre das.

gelb, rot, TOT ...

Ich kroch hinterher und schrie; die Furcht vor mir war größer, und es lief, tänzelte in die dunkle Ecke der Tür, die Nase mit der niedlichen Mittelfalte riß an ihr. Es zwängte sich durch den Spalt, doch dahinter war der Abgrund, ein schwarzes Loch, der Tod. Ich riß die Tür auf und faßte danach, doch es stürzte quiekend und in ohnmächtiger Angst hinab. Stürzte auf einen weißen Boden. Jetzt war das Kriechen kaum noch möglich, Schmerz, ein paar winzige Tröpfchen Blut erschienen, und wie von einem Schütteln erfaßt, rannte es weiter. Meine flehenden Rufe, die Hilfe, waren machtlos. Weiter. Aufgerissene Augen kauerten im nassen Badezimmer, das Fell war verschmiert, und das Zittern eines Wahns erfaßten es. Auf den Boden ergoß sich leuchtendgelber Urin. Schlieren von Blut mischten sich in der Angstflüssigkeit feuerrot.
Jetzt konnte ich meine Hände endlich ausstrecken und mußte etwas Gewalt anwenden, ich zog es zu mir her. Es bewegte sich kaum, zuckte nur, Krämpfe, gellende Schreie im Körper. Leere. Doch es quiekte auf, heftig, wand sich aus meiner Hand und stürzte zu Boden. Weitere Wunden, Kratzen, es rannte runter, Kellertreppen, überschlagene Angst. Die Luft war hier viel feuchter, es war dunkel und dumpf, schmieriger Atem. Ich suchte, die Verletzungen mußten innen helfen. Es war erschöpft, Blutungen, als ich es fand. Eine Augenhöhle war leer, schwarze Zähigkeit rann heraus.
Ruhe, unruhige Ruhe, der Kampf war entkämpft. Krämpfe. Ich quälte, es war nichts mehr zu schaffen. Spülte das Tier. In einem Eimer voll Wasser. In der Waschküche ab. Beim Stülpen des blutigen Gefäßes glitt es heraus. Das Wasser, es tropfte in den Ausguß, und es rutschte in den tiefschwarzen Tod. Alles, ehe ich nachfassen konnte.

Wachwechsel-Amtsantritt

Ein Wochenende liegt dazwischen,
ein Traum.

Jungfrauen, nutzet den Tag,
sammelt Erfahrungen wie Blumen,
und sprechen sollt ihr, über alles,
denn ihr kennt euren Geist.
Es wird Zeit, euren Körper zu entdecken.

Einen wilden Nachmittag lang dauerte die ruhige Revolution,
ein grauer Novembertag neigte sich dem Ende,
sie hatte Bauchschmerzen.
Als überzeugter Pazifist
handelte ich stets nach Grundüberzeugungen.

Jungfrauen, brecht mit der Tradition,
laßt euch nicht unwissend verkaufen,
entdeckt die Welt in Freiheit
und in sorgloser Träumerei.
Zieht sie aus, die Feigen und Prüden,
die Rationalisten, die nur für ihr Tagebuch leben,
die Realisten und Zerstörer unserer Atmosphäre.

Jungfrauen, männlicher Teil,
laßt euch treiben, atmet tief und denket hoch,
das soll unanständig sein?
Umfaßt sie fester und laßt sie nie mehr los!
Versucht euch am Leben.

Es war ein schamloser Tag im November,
ein Wintertag mit Gluthitze,
das Rauschen der Stille in uns.
Der neue Mensch soll leben.

Die Liebe des Todes

Liebe und Krieg,
wo ist da der Unterschied?
ich kämpfe mich zu Tode,
ich liebe mich bis zum Sieg.
Wollt ihr die totale Liebe?
Oder wollt ihr den totalen Krieg?
Entscheidet euch, ihr Hormone und Triebe.

Der Tod geht um in jeder Nacht,
und jener lebt,
der sorglos erwacht,
aus schäumender Träumerei
und Liebesglut,
aus brennendem Orgasmus
und siedendem Blut.

Der Clown

Seine Tränen bleiben ungesehen,
bei wem soll er sich schon beklagen.
Die fettige Schminke vermischt beim Nach-Hause-Gehen,
die Welt ist lachend kaum zu ertragen.

Ein Clown ist einsam in der Nacht,
die rote Nase hängt dann an seinem Schrank,
er liest Gedichte, Melancholie hat sich breitgemacht,
er weint, denn er weiß, er ist krank.

Und nach einem Auftritt hat er sich heimlich erhängt.
Er starb in seinem Wohnwagen um die Mitternacht,
der Clown hat seine Schmerzen in eine Schlinge gezwängt
und sich leise davongemacht.

Friedhofsrebellion

Und die strahlenden Toten werden alle erwachen,
Männer, Frauen, jedes gestorbene Kind.
Die Straßen werden erschallen in gleißendem Lachen,
so daß die Angst vor dem Sterben wie Wasser zerrinnt.

Warum die Trauer, die schwarzen Tränen?
Warum gehören die Toten nicht dazu?
Warum kann man uns nicht froh erwähnen?
Weshalb ist man hier mit dem Sterben nicht per du?

Bevölkert ist die Stadt von Menschen aus vergangenen Tagen,
sie sind gekommen, um sich mit den Jetzigen zu versöhnen.
Sie sind gekommen, um wegen der Angst zu fragen.
Was bringt es, sie betreten in den Gräbern zu verwöhnen.

Warum ist die Wand nicht schon eher gebrochen?
Geschundene kommt aus Euren Kühlen Gräbern,
und los bricht die Revolution, die Ihr uns längst versprochen.

Ein Kleinträumer vermelancholiert auf einem Flughafen
seine Zeit aus Modegründen
und taktiert mit Verschaltungen im Gehirn
so, wie er damals mit Legosteinen die Welt erschuf.
Dort verdichten sich Mikrophilosophien zu atmosphärischem
Druck
und verwüsten anschließend Stapel schneeweißen Papiers
bis ins völlige Chaos der Gedanken hinein.

Er kniet in der Mittagshitze
und versucht,
an den breiten Rollbahnen den Beton anzuritzen.
Einen Namen einzugravieren.
Von dem er nicht einmal weiß,
ob eine solche Person überhaupt
existiert.
Eine denkbare Version.
Es würde Jahrtausende dauern,
um die Namen aller Menschen hier
festzuhalten.

Das nächste startende Flugzeug
wirbelt ein Sandkorn an die Seite,
während kreischende Krähenschwärme in den Himmel flattern.
Für den Tagträumer bricht die Nacht herein,
er geht.

Die Blumen blühen nicht mehr
in den sonnigen Tälern;
zum letzten Mal geht die Sonne unter;
die verschwindenden Strahlen treffen mein Gesicht,
als wollten sie mich erleuchten.
Doch schien mir da schon alles dunkel,
einsam.

... nur für kurze Zeit
konnte ich ihren Geruch wahrnehmen,
ihren Mund spüren
und das lange blonde Haar
durch meine Hände gleiten lassen.

Dann mußte ich die Konsequenzen tragen,
sie hatte nie etwas gefühlt,
und ich spielte, ohne zu denken.
Unsere Hände berührten sich,
ohne jemals einander festgehalten zu haben.

Es ist gut, wenn man weiß,
wann man gehen muß.
Ich wußte es, ich bin gegangen.
Ich löschte das Licht
und schloß den schmalen Spalt der Tür.
Es war gerade angebrochene Nacht,
in der ich durch die Kälte nach Hause ging.
Ich wußte, daß es nun zu Ende ist.
Ich wußte, daß es niemals angefangen hat.

Kitschiges Liebesgedicht

Die B 65 ist
nachts
noch sehr befahren.

Ich wurde überfallen
Lkw fahren bis jetzt sehr wenige
Anschlag auf meine Distanz
ich hätte mir den Tod holen können
gesundheitlich ruinös
Vernunft ist gemordet
man kann nicht mal die Uhr lesen
geschweige denken.

Der Bus hält hell an
romantischer wäre es wohl
nur auf dem Pannenstreifen
der A 2 gewesen.

Mein Fuß ist verkrampft
der Fahrradlenker rammt sich
in meine Genitalien
ich habe fettige Haare
und bin etwas blau.

Der neue Tag kommt
Seidenrot steigt der Halbmond
über dem Wald auf
Hupend wälzt sich ein Laster
vorbei. Fernlicht liegt über der Szene
Motorräder sirren um uns 'rum
ich werde heute todmüde sein
aber ich könnte ja gehen.

Klangloser förmlicher Abschied
man sieht sich wohl demnächst
zwei rote Rücklichter entfernen sich
mit Höchstgeschwindigkeit in den Schlaf.

Nach dieser Studie hat sich die
Meinung erhärtet, daß ein GVZ in Ahlten
zur Steigerung der Romantik
nicht unbedingt erforderlich ist,

... dann schon lieber Pannenstreifen A 2.

In gleißend schwarzem Licht fährt ein Autobus nach Osten,
darin betrunken, geile Frauen,
Männer, die ihnen nebelig sabbernd vertrauen,
Brüder, was soll die Welt denn kosten?!

Endlos braunes Moor erstreckt sich im Bus,
Süchtige greifen nach klebrigen Flaschen,
versuchen übermütig einen Sitzplatz zu erhaschen,
in brennender Sehnsucht nach einem tödlichen Kuß.

Universen der Freiheit werden in schwarze Dosen gezerrt,
gehetzte Hypertoniker fühlen sich ständig betrogen;
die einzige Welt scheint steril ins Unendliche vermehrt,
und keiner weiß, in welcher Einsamkeit sich die scheue Zeit
verzogen.

Sekunden zerrinnen, um der gigantischen Manie nachzueilen,
verzweifelt versuchen die Waisen die Erde zusammenzuraffen,
die Zellen zerreißen, Körper zersplittern zu tausenden von Teilen,
hin und her gezogen können sie nur in einem Vakuum zerplatzen.

Abschlußveranstaltung, man rekapituliert

Meine Damen und Herren,
es ist alles gesagt.
Dies ist das letzte Gedicht;
es hat einen Anfang, einen Mittelteil, und zu dem Schluß kommen wir später.
»Die Dichtungsgattung, in der subjektives Erleben, Gefühle, Stimmungen usw. oder Reflexionen mit den Formmitteln von Reim, Rhythmus, Metrik, Takt, Vers, Strophe u.a. ausgedrückt werden.«
Dies ist das letzte Gedicht,
die Welt ist ausgedrückt, es ist am Tag.
Die Lyriker werden sozialverträglich umgeschult,
übernehmen die Verwaltung des gigantischen Erbes
oder werden der Abteilung Interpretation zugeschlagen.
Ich versichere: kein Arbeitsplatz geht verloren.
Die neue Zeit erfordert jedoch sachlichere Lösungen, die Aufgaben in Wirtschaft, Umweltschutz oder Welternährung müssen anders angegangen werden.
Die Lyrik als Spielart der Unterhaltung hätte längst effizienter durchorganisiert werden müssen, Sie verstehen.
Früher war es leicht, Gedichte zu schreiben, oder gar Bücher, um der Erbauung Vorschub zu leisten.
Heute ist die Lyrik unverständlich,
es wird mit Metaphern und Assoziationen hantiert,
die nicht nachvollziehbar sind.
Der Leser reagiert ängstlich, verliert den Überblick, wird durch das Unbehagen des Nicht-Verstehens in seiner Persönlichkeit zurechtgestutzt.
Mit einem Wort: die Lyrik folgt der allgemeinen Marschrichtung in eine Sachliche, moderne Zukunft nicht nach.
So liegen die Fakten, meine Damen und Herren.

Die Zugfahrt

Die Gedanken sind frei,
was soll ich bloß denken?
Verliebt und entzwei
den Kopf mir verrenken.
Wie soll ich's verkraften
das Gewissen verhaften?
Was denk' ich dabei?
Mein Kopf ist aus Blei.

Ich schwanke und zittre, die Müdigkeit drückt mich nieder. »Eilzug über Delmenhorst, Hude, Oldenburg, Bad Zwischenahn, Leer, EMDEN, Abfahrt 11.54 Uhr auf Gleis 2. Bitte einsteigen, die Türen schließen, Vorsicht bei der Abfahrt.«
Der Sekundenzeiger quält sich nach oben, ruckartiges Kreisen, stockende, zitternde Bewegungen um einen schwarzen Kreis. Der Zeiger deutet überall hin, fast obszön greift er die Minutenmarkierungen ab, stolpert, strauchelt, bleibt nicht stehen, auch nach dem Gong nicht. Die Türen schließen mit einem Rumpeln, ein Pfeifen, Bewegung, ruckartig aus dem Dunkel in die Helligkeit, schneller, gleiten, das Rattern und Keuchen beginnt, der Zug durchschneidet die warme Herbstluft, beobachtet von einer unschuldigen Sonne.
Erst langsam, müde, dann dreister zerrt die grüne Lokomotive ihre Wagen hinter sich her, sie müssen ihr willenlos folgen, haben keine Wahl als die Deportation, die täglich neue, immer gleiche. Vorbei an den Schiffen der Weser über die vergitterte Brücke, durch die Bremer Vorstadtbahnhöfe, vorbei, immer weiter, zieh, zieh schon, du hast keine Wahl, es ist so, wie es ist; wie es geschehen ist, so wird es sein. Nicht zu löschen das Bewußtsein der Tage und Nächte, des hellen Himmels, des Fliegens in der Sonne, der dreckigen Erde, der Pest. Vorbei, zieh, an den Häusern, dem flachen Land, vorbei an den Büschen von überall, den Bahndämmen, über die wir uns treiben, vertreiben in den Sand, in dem ich versinke. Vorbei an den Hunderten, an

den Häusern, in den Häusern, den Autos der Landschaft. Dort draußen werden sie sein, all diejenigen, die vorbeiziehen, ohne es zu merken. Die in Bewegung sind, sich drehen, bis sie schwindeld sinken, die geschleudert werden von der viel zu schnellen Erde, und eh sie sich versehen, liegen sie im Gras.
Wir dürfen nicht halten, auch wenn die Weiche falsch gestellt war, es geht nicht, denn da wäre zum einen die Dienstvorschrift, die Lokführer haben um ihren Beruf zu fürchten, es gibt immer welche, die es besser machen werden, das macht ihnen angst. Sie haben zu gehorchen, den unfehlbaren Weichenstellern zu folgen mit ihrem Zug, dessen Insassen dem Lokführer, dem Schaffner, den Weichen und den Weichenstellern zu gehorchen haben, lassen wir mal die Verwaltung, die Bahndirektion und den Bahnpräsidenten außer acht; für ihn wäre es viel zu mühsam, auch noch den Insassen Anweisungen zu geben, er deligiert seine Aufgaben an andere.
Wir dürfen nicht halten, auch wenn die Weiche falsch gestellt war, wir sind vorbei, der Bahnhof ist das Ziel, dorthin geht der Befehl. Weiter, ich warte in Unrast, denke verwirrt, über die Grenzen, die Drähte der Macht über mir. Die Wege verzweigen sich, die Lokomotive zieht unbarmherzig voran, die Räder rollen über den schmalen Stahl, bis die ersten Häuser auftauchen, nachdem die letzen Häuser verschwunden waren in der Landschaft, die jetzt wieder verschwindet.
Bis die ersten Häuser auftauchen und das Trudeln beginnt, der kontrollierte Absturz, berechnet auf ein sehr fragwürdiges Ziel, willkürlich zwischen den Häusern gewählt, willkürlich in Symbiose mit einem leergefegten Busbahnhof, einem Kiosk, zufälligen Passanten und nicht zufälligen. Zufällig verlaufen hier die Gleise, zufällig standen hier vor dem Eisenbahnbau keine Häuser, oder sie stehen zumindest jetzt nicht mehr, zufällig vermaß ein Vermesser die Stecke und in ihrer Vermessenheit durchwühlten Baumaschinen und Arbeiter die Erde, schütteten zufällig Dämme unter mir auf und verlegten meine Schienen, so daß ich ihnen dankbar sein sollte. Wären diese Zufälle alle nicht, ich wäre nie absichtlich hierhergekommen, hätte nie den Bahnhof gesehen. Wäre ich jetzt ein Gläubiger, ich hätte nicht

an die Zufälle geglaubt und hätte eine völlig falsche Vorstellung von den Begebenheiten des Gleisbaus erhalten.

Er steht, Wechsel, Kommen und Gehen, man küßt sich in Delmenhorst, denn es ist 12.05 Uhr und das ist ein Fixpunkt.

Wir dürfen erst abfahren, wenn alle Soldaten eingestiegen sind. Einige mußten noch auf den kleiner werdenden Fahrplan schauen, nach der Gewißheit, daß nichts dem Zufall überlassen ist, geht es los. Es ist 12.05 Uhr, weiter, wie können wir stehenbleiben, der Fahrplan muß sich entfernen, wir müssen weiter, die Häuser müssen weg, die Ausgestiegenen müssen abgeholt werden, von Leuten, die sie kennen oder kennenlernen wollen; sie müssen weg, wir müssen weiter. Die Eingestiegenen winken, die Soldaten sind stumm und grün, eine Zurückbleibende weint etwas; aber nicht lange, denn es gongt wieder, das Gleis wird leergewischt, das Interesse schwindet. Die Geräusche werden leiser, wohin sie auch immer sich verwehen, sie werden aufgenommen von der nächstliegenden Häuserfront, absorbiert von den zufälligen Passanten, die die Geräusche fast wie zufällig in den nächsten Supermarkt tragen oder ihr Auto damit verschmutzen. Die Geräusche verwirbeln und werden gefressen vom Lärm der Stadt.

Träge sitzen die Reisenden und starren vor sich hin, verloren ist die Stadt, da sie sich selbst in ihrem Stillstand vernichtet. Auch in hundert Jahren werden die gleichen Dörfer, die gleichen Wiesen und die gleiche Erde um sie herum sein, vielleicht wird sie sich bis dahin einmal um sich selbst gedreht haben, wenn sie Glück hat. Die Stadt wird eine Stadt sein, genau an der gleichen Stelle wird die Erde immer noch verbaut sein, und andere Menschen werden über das Pflaster laufen, verlaufen, und weg. Die Reisenden starren, und insgeheim beneiden sie die schwarz-weißen Kühe, welche durch die Fenster in die kleinen Käfige glotzen, welche verständnislos die Deportation verfolgen. Sie beneiden keinen von ihnen, glotzen nur und fressen dann das struppige Gras weiter, um genügend Methan zu bilden.

Die Reisenden starren und insgeheim beneiden sie die schwarz-weißen Kühe, weil sie so schnell sind, weil sie so konsequent vorbeiziehen. Auftauchen, Dahingleiten, Verschwinden. So, als ob man im Zug an ihnen vorbeiführe. Während wir träge warten, dösen, ermattet von der Dampfheizung, müde auf die Stadt, die wir aber nur zum Umsteigen brauchen, gesetzt den Fall, wir verschlafen nicht alle.

Ich kenne meine Stadt, vielleicht ist es auch die Stadt einiger anderer, vielleicht dösen sie aber auch nur auf die Endstation, den Schluß hin, warten auf den endgültigen Stillstand, das Ersterben der Bewegung. Oder sie sind betäubt von der Heizung, im Dusel ihres Kopfes, und fahren zwangsläufig bis zum Ende mit. Dort wird die Heizung abgestellt, und sie kommen zurück zu sich, doch dann ist es zu spät, verpaßt das Entscheidende. Vielleicht wollen sie dorthin, aber ich weiß es nicht, von keinem. Es muß jeder selbst wissen. Wie weit, es ist eine Frage des Geldes, der Reiselust und des anvisierten Ziels, obwohl die wenigsten hier ein solches im Sinn haben. Sie reisen nur, denn wenn es einen solchen Zug gibt, der Fahrplan weist ihn aus, jeden Tag, außer Samstag und an Feiertagen (Ostern, Weihnachten, Silvester). Wenn es einen solchen Zug gibt, dann wäre es ein Frevel, eine Ignoranz und schlichtes Fehlen von Einfühlungsvermögen, nicht mit ihm zu fahren. Denn er kann ja schlecht leer fahren, ohne Reisende könnte man sich etliche angehängte Waggons sparen, man denke sich nur, einer reichte, um den Fahrplan zu erfüllen und die Definition eines Zuges korrekt einzuhalten.

So rollen wir dahin, denn wir alle sind uns in stiller Absprache einig, daß wir den Lokomotivführer nicht allein fahren lassen wollen. Denn das wäre auch aus menschlicher Sicht schändlich, einen solchen Mann, der es sich seit seinem fünften Lebensjahr gewünscht hat, uns zu fahren, allein mit seiner Lokomotive auf den Weg zu schicken. Das wäre unmenschlich, was sich etwa drei Viertel aller Bahnreisenden denken werden.

Wir rollen dahin, die unzähligen Masten und Drähte geben uns Fahrt. Rollen dürfen wir, das ist erlaubt, aber dennoch ist es nicht einfach. Rollen dürfen wir, jeder einzelne, die Reisenden dürfen den Zug betreten, die Waggons, die schmierigen Toiletten, das Benutzen der pulverisierten Trockenseife ist

ebenso im Fahrpreis enthalten wie das Verbrauchen des nicht trinkbaren Wassers. Nicht erlaubt ist jedoch das Betreten des Gepäckwagens, des Dienstabteils, des Zugdaches und der vorher schon zitierten Lokomotive. Dies alles ist seltsamerweise nicht erlaubt, obwohl ich einen Zugfahrschein für die gesamte Strecke und über den ganzen Zeitraum der Fahrt gelöst habe, dennoch betrifft er nicht den ganzen Raum des Zuges. Auch das Öffnen der Türen und das Aussteigen während der Fahrt ist offiziell nicht gestattet. Und das sogar, wenn der volle Preis bis zum nächsten Bahnhof gelöst worden ist, der Reisende also bewußt auf einen Teil der ihm zustehenden Strecke verzichtet und die Bahn somit noch einen Gewinn davonträgt. Es ist dennoch verboten, und das in aller Schärfe. Aber auch hier gibt es immer wieder einige lebensmüde Reisende, die sich einfach mit der gesellschaftlichen Norm nicht abfinden können und die glauben, sie müßten es nicht akzeptieren, daß der Zug erst am nächsten Bahnhof hält. Diese Revolutionäre sind aber in der Minderheit und steigen höchst selten aus der unaufhaltsamen Bewegung aus. Und wenn doch, so fallen sie aus dem Zug und gleichzeitig aus dem allgemeinen Rahmen, an den man sich nun mal zu halten hat, ob es einem nun paßt oder nicht. Aber es gibt immer Querdenker und es wird sie auch immer geben.
Das Rattern und Rumpeln, langsamer vollzieht sich der stete Doppelschritt, der sich beruhigende Herzschlag der müden Menschen. Ein Bahnhof kommt wieder vorbei, die meisten sehen gelangweilt auf das übliche Treiben im Zug, man kennt das vor dem Einfahren in den Bahnhof. Wie Leichen fallen die schweren Taschen aus den Gepäcknetzen, ein dumpfer Aufschlag, und die Reisenden zerren sie aus dem Abteil. Die Schlange der Wartenden fällt nach vorn, die gleichen Entschuldigungen, die gleichen matt-entnervten Gesichter. Aussteigen. Die meisten sehen gelangweilt auf das übliche Treiben auf der Plattform, die Bühne ist voller Spieler, Lautsprecherdurchsagen, die von Anschlußzügen in Städte reden, in die vielleicht niemand hin will. Welche Vermessenheit, den willkürlich Reisenden so etwas vorzuschreiben, Gleise zu nennen und Uhrzeiten. Und all das könnte eventuell völlig unbedeutend sein. Zu-

mindest muß ein Ansager einen solchen Fall mit in Betracht ziehen, ansonsten ist er ein schlechter Ansager.
Trotz allem ist es halb eins, auch ich bin noch hier, stehe auf dem Bahnsteig und habe es leicht, mein Weg ist vorgezeichnet, das Programm läuft planmäßig ab, ich brauche nur am selben Steig gegenüber in den Wagen zu steigen, der Zug soll schon um 12.39 Uhr über Rastede, Varel und Sande nach Wilhelmshaven fahren. Ich glaube das, ich habe schon immer auf diese Anzeigetafeln vertraut, denn auf irgend etwas, wenn schon nicht auf irgendwen, muß man sich ja verlassen können. Ich verlasse mich, so wie die anderen Reisenden mich alle verlassen haben. Untreues Volk.
Der Zug ist voll, die Reisenden lassen den Lokführer nicht im Stich, dennoch, unpersönlich zusammengewürfelt, sitzen sie und warten auf die Abfahrt, interessieren sich weiter nicht für den Lokführer, den Zug, für andere oder für mich. Nur die Fahrt verbindet sie lose, bis sie sich wieder zerstreuen können.
Die reservierten Abteile sind leer, aber auch dort werden nachher wildfremde Leute sitzen. Sie sind jedoch im Nachteil, da sie ihr Ziel bereits durch das Reservierungsschildchen verraten haben und nun alle Welt es weiß. Es ist etwas leichtfertig, doch bekommt man so besser einen Sitzplatz.
Ich bin allein, bin nicht verraten durch mein Ziel und versuche es den Personen im Abteil auch nicht zu entlocken. Bleibt für euch und laßt uns in Ruh', mich, euch; seid lieber still und verratet nichts.
Türen zu, der Schaffner winkt und zieht die letzte Tür krachend zu sich herüber, noch einmal Glück gehabt, diesmal hat es noch geklappt. Es wird heller, als wir losfahren, die Sonne scheint immer noch, scheint uns zu folgen. Rollen weiter, rollen gleichgültiger. Die Lokomotive zerrt nun die Wagen zwar auch hinter sich her, doch fehlen schon die Oberleitungen, eine Diesellok zockelt durch das platte Land. Die gleichen Büsche, Häuser, Kühe, Abteile, Bahnübergänge und Autos wie zu allen Zeiten. Die gleiche Gleichförmigkeit der Landschaft wie zwanzig Kilometer vor uns, hinter uns, der gleiche Zug auf dieser Strecke. Der Unterschied ist nur, daß im Sommer die Zugfen-

ster offen stehen und die Reisenden luftige Kleidung tragen und sich zulächeln. Im Winter zieht man sich logischerweise wärmer an, die Zugfenster bleiben geschlossen, es sei denn, man will kurz am Bahnsteig jemandem zum Abschied winken. Und als drittes ist im Winter die Dampfheizung angeschaltet. Unkontrolliert bläst die muffige Wärme auf Schwitzende und Durchgefrorene gleichsam. Die Leitung hat oft Brüche, der Dampf tritt somit aus in die klare Winterluft oder füllt ganze Gänge mit Nebelschwaden. So ist der Winter im Zug.
Auch in einem von einer Diesellokomotive gezogenen Zug darf man die vorher genannten Räumlichkeiten betreten, andere sind verboten. Auch hier darf man mit dem Abteil über die Gleise rollen, wir nehmen den Besitz eines Fahrausweises an, und Rattern, das ist erlaubt. Man darf aber nicht dieselben Gleise, über die man fährt, betreten. Das ist verboten, überall stehen dafür Schilder, auf denen ganz deutlich steht, daß das Betreten der Gleisanlagen verboten sei. Was heißt »sei«, es ist verboten, Schluß, aus.
Ein namenloser Bahnhof zog wieder langsam vorbei, allmählig weniger Häuser als zuvor, als noch davor, kaum ist der Haltepunkt noch eingehüllt, nichts mehr drum herum zum Schutze, zur Aufnahme der Aussteiger. Auch weniger Einsteiger, weniger Interesse als zuvor, als noch davor, kaum mehr Pathos, Stolz.
Ein paar springen auf, springen ab, der Zug rollt mäßig entlang des Steiges, nicht zu schnell, aber doch stetig. Nun beschleunigt der Lokführer wieder, wie schon seit seinem fünften Lebensjahr, schneller, damit die Büsche schneller vorbeihuschen und den Reisenden Bewegung suggerieren. Wir glauben es, weil die Beweislast erdrückend ist. Selbst Bäume blinken entlang, blitzen grün auf wie die Soldaten vorhin. Die Photosynthese läuft auf Hochtouren, der Traubenzuckerumsatz und die Sauerstoffproduktion sind gewaltig, was für ein beeindruckendes Land. Die Reisenden staunen nun, revidieren ihre Meinungen und schämen sich für ihre Vorurteile.
Wir entfernen uns, meine Niedergeschlagenheit entfernt sich langsamer, die Eindrücke schwirren umher in mir, flehen um eine Schublade in der Vergangenheit, um aus dem Augenblick

fliehen zu können. Mein Kopf dröhnt immer noch, sie flehen um eine Ablage, in der sie zur Ruhe kommen können, ich glaube mir selbst nicht, daß ich nicht müde sein soll. Ich nehme mich mir einfach nicht ab, beäuge mich mißtrauisch ebenso, wie die anderen im Abteil dies tun. Könnte ich doch schlafen und vergessen. Aber ich muß aufmerksam überwachen, wie es heller wird, muß das Morgengrauen kontrollieren und den Schlaf zerdenken, mein Gewissen zerstreicheln. Ich muß mich fortfahren lassen, entreisen, die Weite Ostfrieslands zwischen meine Gedanken und mich legen. Ich weiß, ich werde nicht frei sein, es wird mir nicht gestattet sein, den Himmel einzuatmen. Ich werde wohl nur im Dunst der Moore hinter den Deichen aufgehen, verschwinden im Weiß, das die schwächer werdende Herbstsonne immer mühsamer aufzulösen vermag. Bei alledem werden die Gräben tiefer, das klare Wasser stinkt zunehmend nach Moder, und die Kühe beginnen, in den weichen Boden einzusacken. Ich komme näher, die Entfernung wird größer, die Gedanken schweben frei durch den Kerker. Zusammen mit der Zeit vergehe ich.
»Varel, hier Varel, der eingetroffene Eilzug fährt weiter, weiter durch das Land. Sie haben Anschluß an den Bus nach dorthin auf dem Bahnhofsvorplatz.«
Das eine weiß ich bereits, an dem anderen habe ich kein Interesse, ich werde wohl nie mit dem Bus fahren, allein, weil mich das Ziel nicht interessiert, selbst wenn der Fahrer wirklich allein wär.
Die Welt ist doch verrückt, dachte ich, wieviel Energie in Sinnloses verschwendet wird, was hätte der Ansager alles in den dreißig Sekunden seiner Rede sagen können, wieviel Großartiges hätte er statt des Widersinnigen verlautbaren können; die Chance ist vertan, er hat sie nicht genutzt, genausowenig wie gestern oder letzte Woche. Statt dessen wird er jeden Tag zur selben Zeit das Gleiche verkünden, das Widersinnige und Stumpfe bis zur Unendlichkeit vermehren. Mit amtlicher korrekter Stimme bis zur Pensionierung wiederholt, bis ihn jemand dankbar ablöst. Noch mal, morgen wieder, übermorgen, bestimmt, und in den Wochen danach, immer wieder, läßt

man mal die schwierige Umstellung der Gewohnheiten nach einem Fahrplanwechsel außer acht.
Die nächste Station ist wieder ein kleines Ziel, ich muß umsteigen, die Bahnsteigseite ändern, einsteigen, einen Platz finden, sitzen und weiter warten, warten, bis ein neues Ziel erreicht ist. Es geht nur noch gerade aus, die letzten Bodenwellen sind begradigt worden. Ich weiß jetzt, wo ich bin, trotz Verwirrtheit, angespannt, ich weiß, wie ich spielen werde, wenn ich aussteigen muß, was ich zu sagen habe, die gleichen Sätze, die Haltung meines Körpers, ich weiß mit Unwägbarkeiten umzugehen, durch die Muster in meinem Kopf habe ich die Lösungen parat, bin gezogen, erzogen durch den unaufhaltsamen Zug. Ich weiß, wie ich spielen werde, was ich zu sagen habe, vor wem ich schweige. Ich beginne, mich an die Spielregeln zu erinnern.

Inhaltsverzeichnis